NOTE

SUR LE

MONUMENT DES SOURCES
DE LA SEINE

SOCIÉTÉ PARISIENNE
D'ARCHÉOLOGIE ET D'HISTOIRE

(EXTRAIT DU RÉGLEMENT)

TITRE XI. — Des Publications. Art. 83. — Les auteurs des travaux publiés doivent toujours indiquer sur la couverture, ainsi que sur le titre, l'origine du travail.

TITRE XII. — Des Séances. Art. 91. — La Société ne se rend pas solidaire des opinions émises par ses membres et reproduites dans ses bulletins ou ses mémoires.

LE MONUMENT DES SOURCES DE LA SEINE
d'après un dessin de M. G. DAVIOUD, ARCHITECTE.

NOTE

SUR LE

MONUMENT DES SOURCES
DE LA SEINE

LUE A LA

Société Parisienne d'Archéologie et d'Histoire

(Paris, le 12 Mai, 14 Juillet, 11 Aout et 8 Décembre 1868)

PAR

Charles LUCAS, Architecte

SOUS-INSPECTEUR DES TRAVAUX DE LA VILLE DE PARIS
MEMBRE DE LA SOCIÉTÉ DE L'HISTOIRE DE FRANCE, ETC.
CHEVALIER DE L'ORDRE ROYAL DE CHARLES III D'ESPAGNE

PARIS
IMPRIMERIE ET LIBRAIRIE DE FIRMIN DIDOT FRÈRES, FILS ET Cie
IMPRIMEURS DE L'INSTITUT ET DE LA MARINE
RUE JACOB, N° 56

—

1869

B. 312. — Bruges, typ.-lith. Edw. Gailliard et Cie. — Paris, bur. rue Montmartre, 131

A Mon Cher Maître

Monsieur S. C. Constant-Dufeux

Architecte du Palais du Sénat

Professeur a l'École Impériale et spéciale

des Beaux-Arts

Officier de la Légion d'Honneur

etc., etc.

*Faible témoignage
de profonde reconnaissance*
Charles LUCAS, Architecte

Tiré à 500 *Exemplaires*
Plus 100 *numérotés sur beau papier*
Et 15 *sur vélin*

Total 615

N°

———◆◇◆———

Cet opuscule a été fini d'imprimer
le 28 *Décembre* 1868
jour des Saints Innocents

AU LECTEUR

*Nos maîtres, dans ce champ, ont moissonné des gerbes,
J'y voudrais glaner un épi.*

La bienveillance avec laquelle la Société Parisienne d'Archéologie et d'Histoire a accueilli, à l'état de fragments, l'historique que je lui ai retracé, d'après la Notice de M. Larribe, des SOUVENIRS ANTIQUES et du MONUMENT MODERNE DES SOURCES DE LA SEINE, m'engage à livrer au public cette note pour laquelle je dois beaucoup aux précieuses communications de MM. Henri Baudot, G. Davioud et Jouffroy.

Je n'ai fait qu'abréger et annoter leurs travaux ou réduire leurs dessins et je suis heureux de leur exprimer ici ma sincère reconnaissance pour la part de collaboration qui leur revient, heureux si ces quelques pages de texte et ces modestes planches retiennent quelques instants l'attention du lecteur et lui donnent une juste idée des honneurs rendus par les anciens aux fleuves ainsi que de la constante sollicitude avec laquelle LES SOCIÉTÉS SAVANTES, et l'administration éclairée de la PRÉFECTURE DE LA SEINE, entretiennent pieusement dans le cœur des Français ce culte du passé dont les souvenirs sont si chers à tous les artistes.

CHARLES LUCAS

Messieurs et Collègues,

Une *Notice historique*[1] sur le Monument érigé par la ville de Paris aux sources de la Seine en 1867, notice due à M. Larribe, ancien chef de division et ancien conservateur des Monuments d'art à la Préfecture de la Seine, a servi de base aux nombreux aperçus plus ou moins développés qui ont paru depuis quelque temps, avec ou sans illustrations, dans les journaux ou dans les revues, et parmi lesquels il convient de distinguer tout particulièrement un excellent travail de M. V. Corot, inséré au *Moniteur Universel* du 9 Avril 1868, et qui doit à la position de son auteur dans l'Administration Municipale[2] d'offrir toute garantie d'exactitude.

Ces deux documents sont plus que suffisants pour bien faire apprécier cette intéressante question à laquelle nul Parisien — de ceux vraiment dignes de ce nom — ne peut rester étranger; mais j'ai pensé que nous devions, Messieurs et Collègues, remonter aux sources mêmes qui ont inspiré la partie archéologique des travaux de MM. Larribe et Corot et, en attendant une occasion favorable et une

---

[1] Paris. — Imprimerie D. Jouaust, rue Saint-Honoré, 338 1868.

[2] Enfant du pays *Auxois*, M. V. Corot est aujourd'hui chef à la Direction des Domaines de la Préfecture de la Seine.

saison propice à une excursion à *Saint-Germain-La-Feuille*, étudier ensemble le *Rapport*[1] sur les Découvertes archéologiques faites aux sources de la Seine par M. Henri Baudot, président de la *Commission des Antiquités de la Côte-d'Or*. Ce n'est donc qu'une rapide analyse de l'œuvre de M. Baudot que je vais avoir l'honneur de vous soumettre; mais la difficulté que j'ai eue tout récemment à connaître ce travail dont j'ai dû communication à la bienveillance de M. Larribe, me fait craindre qu'il ne soit tout-à-fait impossible de s'en procurer un exemplaire pour les archives de notre Société.

I

DES HONNEURS DIVINS
RENDUS AUX FLEUVES PAR LES ANCIENS

Travailleurs modestes que toutes les Sociétés archéologiques, sœurs aînées de la nôtre, renferment en grand nombre, les hommes comme M. Henri Baudot étudient avec le plus grand soin, au sein de Commissions et en n'épargnant ni les voyages ni les patientes recherches, la question qui leur est soumise; leurs rapports, lus en séance[2], approuvés par leurs Collègues et même imprimés avec un certain luxe, prennent place dans un petit nombre de bibliothèques et, vingt ans plus tard, si un incident heureux ou malheureux, la généreuse inspiration d'un haut fonctionnaire public ou l'incurie intéressée d'un propriétaire ignorant, vient remettre en lumière la question qu'ils ont si

[1] Extrait des *Mémoires de la Commission des Antiquités du Département de la Côte d'Or* et souvent cité par MM. Larribe et V. Corot.
[2] Le rapport de M. Henri Baudot a été lu à la séance du 1ᵉʳ juillet 1843 de la Commission des Antiquités de la Côte-d'Or.

parfaitement élucidée, tout est à refaire la plupart du temps, les bibliothèques publiques ou privées étant, vous le savez, très avares de communications et l'auteur ne possédant plus à cette époque, où lui-même a oublié ce travail de sa jeunesse, un seul exemplaire de son œuvre.

J'entre donc tout de suite de plein pied dans l'appréciation du Mémoire de M. Baudot qui débute par un aperçu des honneurs divins rendus aux fleuves par les anciens[1] et

---

[1] De nombreux exemples nous sont connus qui prouvent les honneurs rendus par les anciens aux fleuves et aux sources.

Les Gaulois, entre autres croyances superstitieuses, demandaient aux divinités infaillibles qui présidaient à la naissance des cours d'eau de la Gaule, la preuve de la fidélité conjugale de leurs femmes et de la légitimité de leurs enfants. Voici comment ils procédaient. Chaque fois qu'ils étaient pères, ils remontaient le courant d'un fleuve, s'approchant le plus près possible de la source, et mettaient le nouveau-né sur leur bouclier qu'ils abandonnaient à la merci du fleuve. Si le courant des eaux conduisait l'enfant sain et sauf vers les bords qui l'avaient vu naître, il était reconnu légitime et l'on proclamait sa mère fidèle. Si au contraire, le courant le dirigeait vers une rive opposée, ou si un coup de vent faisait chavirer le frêle esquif, l'enfant était déclaré bâtard, et la mère, reconnue coupable d'adultère, était immédiatement sacrifiée aux nymphes de la source par la vengeance du mari.

Notre collègue, M. LOUIS VIAN, référendaire au *Sceau de France*, nous communique, au sujet du culte des fleuves dans l'ancienne Gaule, la note suivante :

" Une petite rivière, objet d'un culte idolâtrique, coulait au milieu
" des bois, lorsqu'un moine de Picardie, Saint-Valery, vint fonder un
" établissement religieux dans la vallée, étroite et sans profondeur, où se
" sont groupées les maisons de Saint-Valery-en-Caux. Comme, malgré
" les prédications du saint homme, les habitants continuaient à adorer
" les bois et les eaux courantes, il s'avisa d'un excellent moyen pour sup-
" primer la partie aquatique de leur culte; il enfonça un grand nombre
" de balles de laine dans la source de la rivière, et la boucha si bien que
" depuis one elle ne coula. " (JOACHIM MICHEL, cité par JOANNE, dans son *Guide en Normandie.*)

qui, dès ses premières lignes, fait prévoir une des plus grandes causes de la ruine du monument que les Gallo-Romains, nos ancêtres, avaient érigé à la déesse *Sequana*.

" Le culte des sources était tellement enraciné dans
" nos contrées lors de l'introduction du christianisme en
" Gaule, que les évêques, dont les efforts tendaient à dé-
" truire les superstitions payennes, eurent toutes les peines
" du monde à faire oublier au peuple le culte des eaux.

Un autre de nos collègues, M. GIRARD DE RIALLE, a pu observer dans sa *Mission officielle* en Orient (années 1865 et 1866) que d'importants fragments antiques, *stèles, ex-votos*, etc., se trouvent aux sources du *Jourdain*, ce fleuve si célèbre dans l'histoire de la Judée, et que le *Barada*, belle rivière à laquelle la plaine de Damas doit son charme et sa fécondité, était l'objet d'un culte dont les monuments subsistent encore aujourd'hui à l'état d'imposants vestiges. C'est ainsi qu'aux deux sources principales du *Barada*, dans l'*Anti-Liban*, se trouvaient à l'une, trois temples, et à l'autre, une nymphée circulaire.

Les Romains avaient voué une grande vénération aux fleuves et aussi un culte particulier au dieu *Portumnus*, protecteur spécial des ports, et quelquefois ils honoraient ce dieu conjointement avec *Neptunus Consus*.

Nous donnons ci-dessous, d'après MM. CHARLES TEXIER et R. POPP-LEWELL PULLAN *(architecture byzantine, —* Londres, Day et fils, 1864*)* quelques renseignements sur *le Temple de Portumne* à Ostie, — temple circulaire converti en *Église de Saint Pierre et Saint Paul*, — et qui montrent bien une partie des vicissitudes qu'ont eu à subir les édifices élevés par le paganisme et consacrés plus tard au culte chrétien.

" Aux environs de Rome, tous les petites temples ou autels ruraux
" furent démolis ou reçurent une destination conforme au nouveau culte.

" La ville d'Ostie, cette nourrice de Rome, avait été depuis le premier
" choc des Barbares le point de mire de toutes leurs incursions: aussi
" Constantin avait-il pourvu à sa défense, en faisant ceindre d'une plus
" forte muraille toute la partie nord de la ville. Il enveloppa ainsi dans son
" périmètre un temple circulaire qui était fréquenté par les *Nautonniers*.
" On ignore à quelle époque précise ce temple fut transformé en église;
" mais dès l'année 251, Ostie était déjà ville épiscopale, célèbre par son
" évêque Saint Hippolyte qui y souffrit le martyre *(Acta Martyrorum)*.

" Pour y parvenir, ils se virent souvent obligés de mettre
" certaines sources sous l'invocation des saints, pour sub-
" stituer ainsi le nouveau culte aux anciennes superstitions
" qui avaient, chez le peuple particulièrement, de si pro-
" fondes racines. "

Ce passage, d'une vérité incontestable, explique fort bien la substitution plus que probable qui a dû avoir lieu vers le commencement du septième siècle de notre ère

.... " Dans une bulle en faveur de l'église de cette ville, lancée par
" le pape Benoît VIII en 1019 (UGHELLI, *Italia sacra*, t. I, p. 134), il est
" fait mention de plusieurs églises, entre autres l'*Église Saint-Pierre et*
" *Saint-Paul* qui n'est autre que le temple circulaire dont les ruines exis-
" tent encore et qui était dédié au dieu Portumne.

" Nibby, dans sa description d'Ostie, confirme cette assertion. (NIBBY,
" *della via Portuense e della antica città di Porto*. Roma, 1827, in-8°, p. 89.)

.... " La *cella* du temple repose sur un soubassement de quatre
" mètres de hauteur, dans lequel on pénètre par deux galeries qui se
" coupent à angle droit. Au milieu il y a une cellule obscure et, à l'inter-
" section des deux galeries, il y avait un trou rond qui communiquait
" avec la cella mais qui fut bouché par les chrétiens. Un corridor circulaire
" entoure la masse du soubassement. Toutes ces dispositions indiquent
" que les cérémonies étaient pratiquées aussi bien dans le soubassement
" que dans le temple même.

" On a recueilli, dans le courant du siècle dernier, diverses inscriptions
" qui prouvent que ce temple était dédié à Portumne. Les dispositions du
" soubassement offraient des particularités qu'on n'observe pas dans les
" autres temples; peut-être cette partie de l'édifice était-elle dédiée à Nep-
" tune Consus. Ces deux divinités avaient à Rome des temples qui leur
" étaient communs. (ROSINI, *Antiquités romaines*, liv. II, chap. 13, p. 79.)

" Lorsque ce temple fut converti en église, toute la partie du soubas-
" sement resta sans usage; les cérémonies du culte étaient célébrées dans
" la cella. "

La vénération des anciens était grande aussi pour les eaux minérales entourées souvent d'importants établissements où les malades venaient chercher la santé et laissaient souvent en échange des *ex-votos* ou des sommes d'une valeur considérable. M. ERNEST DESJARDINS, dans son Rapport sur une *Mission scientifique en Italie* (*Revue des Sociétés savantes*, tome IV, chrétienne, du culte chrétien de *Saint-Seine* à celui tout païen de la déesse *Sequana;* mais il peut servir de puissant argument aussi pour motiver la ruine presque totale du magnifique édifice élevé vers le commencement même de l'ère chrétienne à cette déesse. Car, bien souvent, pour se venger des persécutions subies par les premiers confesseurs de leur foi, les nouveaux chrétiens, loin d'adapter à leur culte les édifices érigés par le paganisme, les détruisirent

année 1858), en résumant les faits relatifs à la découverte des *Aquæ Apollinares*, sources thermales connues de l'antiquité et peu distantes du lac Sabatinus, aujourd'hui *lago di Bracciano*, à une vingtaine de milles de Rome, s'exprime ainsi:

...... " Quant aux bains, il étaient abandonnés depuis longtemps,
" lorsque le pape Clément XII les rétablit en 1737 ainsi que l'indique
" l'inscription placée sur la porte. Les PP. jésuites y avaient déjà fait
" quelques réparations au temps de Nibby; mais, voulant y fonder un
" établissement considérable sur un plan entièrement nouveau, on se mit
" en devoir de démolir tout ce qui subsistait encore de l'ancien. On vida,
" à l'aide d'une pompe, le bassin principal qui n'avait jamais été restauré
" depuis l'origine, c'est-à-dire depuis le temps des Romains et même des
" Étrusques. C'est au fond de ce bassin que l'on découvrit un grand
" nombre d'objets offerts en don aux divinités de la source, et parmi ces
" objets, plusieurs milliers de pièce de monnaie. On en tira plus de *deux*
" *mille livres* pesant. Les monnaies qui furent trouvées d'abord étaient
 du second âge de Rome (frappées entre deux coins) puis au dessous
 de cette première couche se trouvait l'*œs grave signatum* remontant à la
" plus ancienne époque romaine, et enfin, tout-à-fait au fond, l'*œs rude*,
 métal brut gisant là depuis plus de *vingt-six siècles*, c'est-à-dire depuis
" les temps primitifs des populations de l'Etrurie.

..... " Mais on trouva parmi ces offrandes des objets beaucoup plus inté-
" ressants encore sous le double point de vue de l'art et de la science. Le
" P. Marchi (consulter sa brochure accompagnée de planches gravées,
" sous ce titre: *La stipe tributata alle divinatà delle acque Apollinari, scoperta*
" *al cominciare del* 1852. D. G. M. d. c. d. g. Roma, tipografia delle belle arti)
" explique la présence de ces offrandes de la manière la plus satisfaisante.
" Tous ceux qui avaient éprouvé l'efficacité des eaux et qui attribuaient leur
" guérison à la vertu de la nymphe offraient, en signe de reconnaissance

de fond en comble, surtout quand ces chrétiens, appartenant aux hordes barbares venues de l'Orient, ne voyaient dans leur adhésion, presque purement nominale au christianisme, qu'un moyen de s'assurer, dans les évêques et dans le peuple, des alliés contre la domination romaine et qu'une sorte de légitimation, pour ainsi dire, du droit qu'ils s'arrogeaient d'exercer un pillage complet de tout ce qui pouvait se rattacher de près ou de loin à cette domination.

Au reste, la période du Moyen-Age ne paraît pas avoir édifié de monument sur l'emplacement du temple antique. La religion se borna à substituer, comme nous l'avons dit plus haut, le culte de *Saint-Seine* à celui de la déesse *Sequana*, en attribuant à la puissante intervention du premier les mêmes bienfaits que les populations voisines avaient l'habitude d'implorer de la déesse; car, vous le savez, Messieurs, si un vieux proverbe a pu dire avec raison : *un clou chasse l'autre*, on peut dire avec autant de justesse que, chez les habitants des campagnes, *les superstitions se succèdent et se ressemblent* et, sur le sujet qui nous occupe, de fréquents pèlerinages aux sources mêmes du fleuve, comme cela se pratique encore dans beaucoup d'endroits [1],

" et à titre d'*ex-voto*, quelque objet d'une valeur proportionnée à la con-
" dition de la personne. Cette sorte d'offrande s'appelait *stipes*, et cet
" usage était général comme on le voit par différents passages des auteurs.
" Conf. Suéton; *Aug.* 57. — L. Ann. Senec., *natu quæst*, l. IV, 2 — Plin.
" Jun., *Epist.*, l. VIII, 8. "

[1] Rappelons seulement entre tous un fait particulier de cette substitution d'une quasi *idolâtrie chrétienne* aux mystères païens.

Au sujet de la *fontaine de Tourne*, bas-relief mithriaque de Bourg-Saint-Andéol, une importante *Notice* de M. l'abbé Rouchier, correspondant du Ministère de l'instruction publique à Annonay, notice publiée dans la *Revue des sociétés savantes* (janvier 1863), renferme les lignes suivantes :
" Sous le règne du paganisme la fontaine a servi de piscine sacrée où les
" adeptes du culte de Mithra venaient recevoir le baptême préparatoire

furent les seules marques qui perpétuèrent dans le pays le culte et l'influence des sources de la Seine.

II

PREMIÈRES DÉCOUVERTES (1763-1822)

Mais quelle était au juste l'importance du culte rendu à la déesse *Sequana* dans les premiers siècles de notre ère; c'est ce que le travail de M. Baudot établit d'une façon irréfutable. Il commence par rappeler trois découvertes qui

" à l'initiation (*Muratori*, p. 5, n° 10). De là le grand renom dont elle jouit
" pendant plusieurs siècles, et cette croyance accréditée dans l'esprit du
" vulgaire, qu'une vertu mystérieuse et divine était renfermée dans ses
" eaux si limpides, consacrées par la religion de Mithra. Longtemps après
" que le christianisme triomphant eut ruiné l'antre du Dieu et dispersé
" tout l'attirail de ses mystères, la dévotion superstitieuse du peuple
" continua de fréquenter la fontaine de *Tourne*. Je trouve ce préjugé dans
" toute sa force, quoique manifesté sous une forme nouvelle, jusque bien
" avant dans le moyen-âge. C'était surtout pour le discernement de la
" lèpre qu'on recourait alors à l'efficacité merveilleuse des eaux de cette
" source : à l'épreuve mithriaque avait succédé ce qu'on appelait *l'épreuve*
" *des ladres*. Voici comment se pratiquait cette cérémonie. L'homme qu'on
" soupçonnait atteint de la terrible maladie était conduit sur le bord de
" la fontaine de *Tourne*. Là, on le saignait; le sang était reçu dans un
" vase qu'on enveloppait dans un sac, et le tout était plongé dans les
" eaux de la fontaine. Deux barbiers de la ville, mandés par les consuls,
" étaient chargés de faire la vérification. S'ils ne reconnaissaient aucune
" marque de corruption, c'est-à-dire si, dans le vase immergé, le sang du
" prétendu ladre était au sortir de l'eau trouvé liquide et vermeil, le
" juge déclarait que l'homme n'était point *ladre*. Une épreuve de ce
" genre eut lieu le 3 juin 1422, avec toutes les circonstances que je viens
" de raconter, et rien de plus authentique que ces détails, puisqu'ils sont
" tirés des minutes de M. Guigues Ribbon, notaire de la cour épiscopale,
" en l'année 1422, à Bourg-Saint-Andéol. Croirait-on qu'aujourd'hui même
" la crédulité populaire incline à penser que les eaux de notre célèbre
" fontaine ne soient pas destituées de toute propriété occulte et que leur

précédèrent les travaux entrepris en 1836 par la *Commission des Antiquités du Département de la Côte d'Or*.

" En 1763, sur le territoire de la commune de Blessey,
" près Chanceaux, à 2 kilomètres des sources de la Seine,
" découverte d'une galère de bronze de 66 centimètres de
" long sur 11 centimètres de large, portant deux rameurs
" à tête nue et chauve[1]. Trois trous que l'on remarque
" sur le pont indiquent la place de trois autres rameurs. "

Nous sommes heureux de publier ci-dessous une lettre que nous a adressée M. Henri Baudot, lettre accompagnant l'envoi de deux dessins que ce savant archéologue a bien voulu faire pour nous de cette galère et que nous reproduisons planche I et II.

COMMISSION ARCHÉOLOGIQUE Dijon, le 3 juillet 1868
DU
DÉPARTEMENT DE LA CÔTE D'OR

.... " La Galère est entièrement pontée, les trous
" indiquent la place des rameurs qui étaient fixés au pont
" par des *appenda* ou rivets; il y en avait deux au moment
" de la découverte, l'une de ces figures a été enlevée depuis

---

" vertu s'exerce principalement par une influence perturbatrice sur les
" facultés intellectuelles de ceux qui les boivent ? "

On le voit par ce qui précède, ces eaux sacrées ou réputées telles, jouaient un grand rôle dans une épreuve presque judiciaire qui rappelle, sous tous les rapports, les fameux *jugements de Dieu* dont le moyen-âge fut si prodigue.

[1] Lorsque les marins étaient en danger, souvent ils faisaient le vœu de consacrer leur chevelure à une divinité protectrice. Les rameurs sont ici représentés sans chevelure, parce que sans doute il avaient accompli leur vœu.

Ce précieux monument est aujourd'hui conservé dans le Musée de la Ville de Dijon. Il a été décrit et gravé dans les *Mémoires de l'Académie de Dijon*, tome 1, 74. — Note de M. H. Baudot. Il paraît curieux de rappro-

" de longues années, on ne sait ce qu'elle est devenue, la
" seule figure de rameur qui reste aujourd'hui est très-inté-
" ressante. La tête est dépourvue de cheveux et chacune
" des épaules porte en creux deux traits croisés en forme de
" Croix de Saint-André. Dans le dessin j'ai placé le second
" rameur tel qu'il est figuré dans la gravure insérée dans
" le 1er volume des *Mémoires de l'Académie de Dijon.*

" Ce curieux objet d'antiquités avait été envoyé à
" M. le Président de Bourbonne et était conservé dans
" son cabinet; à l'époque de la révolution, il passa dans la
" collection du Musée de la Ville de Dijon et, depuis
" quelques années, à mes sollicitations, il a été cédé au
" Musée Archéologique du département de la Côte d'Or,
" pour être réuni aux nombreux *ex-votos* que la *Commis-*

cher de ce dessin d'*ex-voto*, offert probablement dans le but de rappeler le navire échappé au danger et rappelant sans doute le navire lui-même, la description empruntée à TEGNER, (dans son beau poëme de *Frithiof*), du *vaisseau en forme de dragon* de son héros, vaisseau analogue à ceux des anciens Scandinaves.

" Il s'allongeait comme un dragon sur la mer; en avant, sa tête se
" dressait pleine de fierté; sa gueule rouge flamboyait; ses flancs étaient
" semés de jaune et d'azur; sa queue se roulait en spirales, puissante, héris-
" sée d'écailles d'argent; ses ailes noires frangées de rouge se déployaient
" avec orgueil. Lorsqu'il s'élançait sur les flots, il rivalisait avec la tempête
" rugissante; il triomphait de l'essor de l'aigle. Quand il était plein de
" guerriers, vous eussiez dit une ville royale flottante, un fort d'armes en
" pleine mer. Ce navire était célèbre au loin: c'était le premier des navires
" du Nord." — *Le Glaive runique*, drame tragique par CH. AUG. NICANDER, traduit du suédois et suivi de notes, etc., par LÉOUZON-LEDUC. Paris, 1846.

Quelle différence entre la galère des *Parisiaci* avec son col de cygne recourbé, comparée au vaisseau des *Suéones* ou des *Northmans* avec sa tête de dragon fièrement dressée, sa queue roulée en spirales et ses ailes orgueilleu- sement déployées. Où l'une indique le commerce, l'industrie et la paix, l'autre montre le pillage, la violence et la guerre; l'une montre le riche colon et l'autre, l'aventureux pirate!

" *sion des Antiquités* a découverts dans les fondations du
" temple élevé aux Sources de la Seine. Je l'ai placé dans
" une armoire vitrée où il est à l'abri de tout rapt et de
" toute main indiscrète. "

Veuillez agréer, etc.

HENRI BAUDOT.

D'autres objets de métal, mais de fort peu d'importance, au moins à cette époque, furent trouvés au même endroit et M. l'abbé Richard, habitant de Chanceaux, exprimait déjà cette opinion " *qu'y ayant eu, même avant*
" *les conquêtes de César, une navigation établie sur le*
" *fleuve, et des navigateurs connus depuis sous le nom de*
" NAUTÆ PARISIANI, *il pourrait fort bien se faire que la*
" *petite galère ait été un* EX-VOTO *envoyé par un marchand*
" *gaulois et placé dans le temple du Dieu dont il crut avoir*
" *reçu quelque grâce.* "[1]

[1] On remarquera ici que l'inscription du premier des autels, en pierre de Saint-Leu, érigés à Jupiter sous le règne de Tibère et découverts en 1711, en fouillant dans le chœur de l'église Notre-Dame de Paris pour y ériger l'autel du fond, connu sous le nom de *Vœu de Louis XIII*, porte ces mots : NAUTAE PARISIACI, ce qui donne lieu à une fort intéressante note de M. ALEXANDRE LENOIR qui nous paraît tout-à-fait à sa place ici.

" *Nautæ* se traduit ici par *Nautes*, (négociants par eau), parce que nous
" n'avons point dans notre langue de mot qui signifie précisément celui-là.
" Au reste, les *Nautes* étaient une société de riches négociants qui
" jouissaient de grands privilèges, et qui étaient souvent honorés des
" charges municipales. Ces commerçants, suivant Baudelot, faisaient
" voiturer sur la Seine des marchandises pour leur compte autant que
" pour celui d'autrui. Il cite plusieurs inscriptions latines en faveur de ce
" qu'il avance; il donne particulièrement une inscription prise sur une
" grande urne à Rome, qui annonce qu'un Régulien, chevalier romain,
" patron de plusieurs communautés et même des Sextumvirs à Lyon, est
" appelé *Nauta araricus*.

" J'ai traduit *Parisiaci* par *Parisiens* parce que l'on sait que César

En 1787, seconde découverte consistant en un très grand trident en fer trouvé dans un champ peu éloigné des sources et détruit par un maréchal de Saint-Germain dans l'espoir d'en retirer le fer non oxidé.

Enfin, en 1822, dernière découverte de quelques débris de poterie romaine, de deux médailles en bronze

" entendait, par les *Parisii*, tous les originaires du pays dont Paris était
" dès ce temps la capitale. Le mot *Parisiaci* est employé dans le même
" sens, dans les chartes de Childebert, Grégoire de Tours, et dans les
" capitulaires de Charlemagne. *Il s'agit de savoir quels étaient ceux qui ont
" érigé à Paris, sous l'empereur Tibère, un monument religieux, un autel au
" père, au souverain, au plus grand des dieux* (dit Félibien). *Le seul nom de
" Jupiter ne permet pas de penser que des personnes viles aient osé lui dres-
" ser un autel considérable. Soixante provinces des Gaules ont concouru pour
" en ériger un à Auguste, dieu de nouvelle fabrique, et l'on voudrait que
" de simples bateliers eussent dressé un autel au grand Jupiter ! Il est vrai
" que les auteurs de cette érection se sont nommés* NAUTÆ; *mais ils se sont
" fait représenter en même temps et dans toutes les figures retracées par
" leur ordre. Outre les dieux et les demi-dieux, on ne voit que sacrificateurs
" ou sevirs (personnes portant les armes), cavaliers avec des casques et des
" cuirasses; dames honorablement vêtues: ce sont là les* NAUTÆ PARISIACI *qui
" ont érigé l'autel à Jupiter. Les* NAUTES *étaient donc une société de gens de
" différentes conditions : en considérant ce corps composé de plusieurs con-
" ditions, il est naturel de demander quel était le point qui réunissait tous
" ces états. C'étaient le* COMMERCE PAR EAU, *la navigation entreprise pour
" entretenir l'abondance des vivres, et les commodités de la vie.* SEXTUS
" REGULIANUS, *chevalier romain et patron des* NAUTES, *était* NAUTA *lui-
" même, et marchand de vin et d'huile.* LIBERIUS DECURIANUS, *honorable
" citoyen de Vienne et* NAUTA, *était marchand de vin.* BARBIUS THEOPOMPUS,
" *qui s'acquitte d'un vœu envers Orithye, était marchand. Les* SCHAPHARII
" *de Séville faisaient profession de marchandises.* L. BESIUS, *chevalier ro-
" main, faisait gloire d'être courtier des Gaules, et sa fidélité dans cette
" charge lui a mérité l'éloge de trois provinces et un monument honora-
" ble.* " — Description historique et chronologique des *Monuments de Sculpture*, réunis au *Musée des Monuments français* par ALEXANDRE LE-NOIR, fondateur et administrateur de ce Musée. Septième édition. Paris, an XI — 1803.

d'Aurélien, et de la main droite d'une statue en pierre blanche tenant une tête de dauphin, découverte faite par M. Couturier, maire de Billy, dans la démolition d'une petite chapelle consacrée à *Notre Dame des Fontaines* et construite à la source de Billy[1].

Cette dernière découverte, signalée en 1833, à la *Commission des Antiquités*, attira tout particulièrement son attention; mais, avec une sagacité des plus remarquables et dont les prévisions furent plus que justifiées par la suite, le Comité[2], qu'elle nomma dans son sein pour l'exécution des fouilles aux sources de la Seine, se reportant à l'état dans lequel devait se trouver le pays aux temps antiques, fit faire les premières fouilles au nord de l'étroit vallon qui fait partie des territoires des communes de Saint-Seine et Saint-Germain-la-Feuille, au pied de la borne dite le *Gros-Foyard*. (Voir le plan, Planche III).

Il y a juste trente-deux ans, presque jour par jour, Messieurs et Collègues, que le 11 Mai 1836, furent commencées les recherches de ce Comité et je crois devoir ici transcrire textuellement le résultat de ses intéressants travaux, ainsi que le plan-masse des substructions de l'édifice élevé par le paganisme aux sources de la Seine en l'honneur de la déesse *Sequana;* rappelant seulement ici, afin de rendre à chacun la part d'initiative qui lui revient, que, dix ans avant le 1er Juillet 1843, époque où M. Henri Baudot, président du Comité, soumit le rapport qui nous occupe ainsi que les planches qui l'accom-

---

[1] Ce n'est réellement qu'à Billy, que le cours du fleuve n'est plus interrompu et recouvre sa pérennité. — Note de M. H. Baudot.

[2] Le Comité, nommé pour l'exécution des fouilles aux sources de la Seine, était composé de MM. Champré, Morisot, H. Baudot, Sagot, Benoît et de Champême, auxquels ont été adjoints plus tard MM. Garnier, de Saint-Mémin et Rossignol. — Idem.

pagnent, à la *Commission des Antiquités*, — devenue *Commission archéologique de la Côte-d'Or*. — M. Larribe, alors sous-préfet de Semur, écrivait le 25 Novembre 1833, à M. le Préfet de la Côte-d'Or, afin de solliciter, " *des*
" *travaux d'assainissement et de plantation du sol, ainsi que*
" *l'exécution d'une petite colonne en pierre* " à moins, ajoutait-il, que l'on ne voulût " *dans une conception plus*
" *élevée, en réunissant l'architecture et la sculpture, retracer*
" *par l'allégorie la destinée du fleuve.* "

III

DU TEMPLE PAÏEN
DÉCOUVERT AUX SOURCES DE LA SEINE

" La première tranchée fut ouverte au nord du vallon
" et près des sources, sur la lisière du bois communal de
" Saint-Seine, au pied de la borne dite le *Gros Foyard*[1].
" C'est là qu'à peine arrivés à la profondeur d'un demi
" mètre, les ouvriers rencontrèrent les fondations d'un
" édifice dont l'importance fut bientôt révélée par les
" nombreux objets recueillis dans les fouilles.

" La place des fondations qui fut successivement
" mise au jour à des époques différentes, offre un quadri-
" latère de 57 mètres de longueur sur une largeur encore
" indéterminée. Quoique l'une des faces n'ait pu être com-
" plètement relevée, les décombres et le bouleversement du
" terrain n'ayant pas permis de déterminer cette ligne d'une
" manière certaine, néanmoins le retour de l'angle nord et
" la régularité des trois autres côtés ne peuvent laisser de

[1] Voyez le plan, planche III.

" doute sur la forme extérieure du monument, dont la
" façade principale devait regarder l'Orient. L'intérieur,
" distribué en plusieurs *Cellæ* ou chapelles placées dans le
" pourtour, présente une véritable analogie avec la descrip-
" tion que Pline nous a laissée d'un temple élevé à Clitomne,
" fleuve d'Ombrie, ancienne province romaine. " *A la*
" *source de ce fleuve*, dit-il, *est un temple ancien et fort*
" *respecté. Clitomne est là et habillé à la romaine; les sorts*
" *marquent la présence et le pouvoir de la divinité*. IL Y A A
" L'ENTOUR PLUSIEURS PETITES CHAPELLES, *dont quelques-unes*
" *ont des fontaines et des sources* ". Telle est la disposition
" du Temple de la Seine. Au milieu de ce temple était une
" salle où se trouvait la source sacrée qui s'écoulait par une
" rigole taillée[1] dans la pierre et recouverte de dalles;
" à droite de la source, tarie aujourd'hui, s'élevaient quatre
" colonnes d'ordre dorique dont on a retrouvé des frag-
" ments et les bases encore à leur place[2]. A la suite de cette
" décoration, deux marches en pierre d'une seule pièce
" donnaient entrée à l'une des chapelles où probablement
" se trouvait la statue de la déesse elle-même assise en
" face de la source principale. Des tronçons de colonnes, des
" chapiteaux, des bases et d'autres fragments annoncent
" la richesse avec laquelle cette pièce était ornée. Les
" autres chapelles n'étaient pas décorées avec moins de
" somptuosité : des marbres précieux, taillés en moulures[3]
" et en plaques, destinés à revêtir les murailles; des en-
" duits couverts de peintures à fresque, à filets de dif-
" férentes teintes; des pierres de liais sciées pour parement,

[1] Voyez le plan n°s 2, 3 et 3'.

[2] Voyez le plan n° 4.

[3] Ces moulures et ces plaques sont en très grand nombre, les moulures sont variées et d'un bon principe. — Note de M. H. Baudot.

" de petits cubes en pierres de diverses couleurs, ayant
" servi à composer des mosaïques, épars çà et là; plusieurs
" fragments, un entre autres représentant la frise d'une mo-
" saïque à dessin grec, peuvent donner une idée de la
" décoration intérieure de l'édifice.

" De la décoration extérieure on n'a retrouvé que des
" fragments de fûts et de chapiteaux corinthiens dont les
" proportions annoncent qu'ils appartenaient à des colonnes
" d'une grande hauteur. L'élévation que devaient avoir
" ces colonnes fait présumer qu'elles faisaient partie d'un
" péristyle dont on n'a retrouvé que ces seuls fragments
" au milieu de nombreux débris de tuiles à rebord comme
" on en rencontre ordinairement dans les anciennes
" constructions romaines. L'absence des autres parties de
" cette intéressante architecture s'explique par la masse
" elle-même, qui ne leur a pas permis d'entrer assez
" profondément dans le sol pour y trouver un abri qui
" les eût préservées de l'action destructive du temps et
" des hommes.

" Quoiqu'il en soit, les différents débris de fûts et de
" chapiteaux corinthiens qui ont été retrouvés sont d'un
" style tout-à-fait élevé et d'une exécution très remarquable
" qui rappelle la bonne époque de l'art chez les Romains.
" Ces faibles débris du monument lui-même suffisent déjà
" pour constater sa grandeur, la magnificence de son
" architecture extérieure, et la splendeur de sa décoration
" intérieure. Passons maintenant aux objets qui étaient
" disposés dans l'intérieur du Temple, les uns exposés à
" la vénération, d'autres offerts à la divinité, et tous retirés
" des fouilles parmi les ruines et les décombres[1]."

[1] Extrait du rapport de M. Henr Baudot cité plus haut.

IV

DES OBJETS TROUVÉS

DANS LES

RUINES DU MONUMENT ET DES CONCLUSIONS

DU RAPPORT DE LA COMMISSION

Travail archéologique d'un grand mérite, le rapport de M. H. Baudot s'étend avec complaisance sur la description de tous les fragments, quelle que soit leur importance, qui ont été trouvés dans les ruines du monument. Quatorze planches sont consacrées à les reproduire avec grand soin, et les indications, données par le texte qui accompagne ces planches, sont plus que suffisantes à faire bien apprécier toute la renommée dont jouissait le culte de la déesse *Sequana* et dont témoignent surabondamment un grand nombre de ces objets ayant tout-à-fait le caractère d'*Ex-votos* et sur la destination desquels les inscriptions qu'ils portent ne peuvent laisser aucun doute[1]. En effet, à côté d'autels votifs, de figures brisées et de bustes en pierre ou en bronze représentant des femmes, des hommes et des enfants, et parmi lesquels M. H. Baudot a cru reconnaître la statue assise de la déesse *Sequana* et un torse d'*Apollon Grannus*, dieu présidant aux sources et fontaines auxquelles on attribuait des propriétés curatives; les fouilles ont mis à découvert des mains en pierre ou en marbre, des pieds et des jambes en pierre, des bagues et des

---

[1] Un certain nombre de ces objets portent, à défaut de légende plus explicite, les lettres V. S. L. M. initiales des mots: *Votum Solvit Libenter Merito*, formule votive habituelle des anciens Romains.

anneaux en or ou en bronze et des vœux divers, petites feuilles minces de bronze, quelquefois dorées ou argentées et représentant diverses parties du corps humain, notamment des yeux, des seins et les organes de la génération.

Les Sources de la Seine tenaient donc de la crédulité populaire, exploitée par d'habiles imposteurs, des vertus curatives fort diverses; mais dont aujourd'hui, il faut l'avouer, on chercherait vainement la cause dans l'analyse de leur onde claire et limpide.

Une découverte fort intéressante fut celle " d'un
" vase en terre de forme ovoïde, d'une assez grossière
" fabrication, haut de 54 centimètres sur une largeur
" de 50, lequel était recouvert d'une feuille de plomb
" de 10 kilogrammes, dont les bords, rabattus des qua-
" tre côtés, tenaient ce vase assez hermétiquement fermé.
" Une inscription tracée d'une manière irrégulière autour
" du col indique que ce vase a été donné à la déesse
" de la Seine par un nommé Rufus. Voici, du reste, cette
" inscription exactement rendue avec une faute qui, sans
" doute, aura échappé à l'ouvrier ignorant qui a tracé
" ces caractères : "

DEÆ SEQUANA RUFUS DONAVIT

" Ce vase en contenait un autre beaucoup plus petit,
" haut seulement de 14 centimètres et large de 12, en
" dehors et autour duquel étaient entassés 120 *Ex-votos*
" découpés dans des feuilles de bronze et d'argent. Ce petit
" vase contenait lui-même environ 830 médailles romai-
" nes. "[1]

---

[1] Extrait du rapport de M. Henri Baudot cité plus haut.

Sur ces 830 médailles, près de 300 étant frustes, M. de Saint-Mémin, conservateur du Musée de la Commission, en a seulement catalogué 537 et nous devons avouer que, tout en rendant justice à la méthode et au soin particulier déployés par ce savant en cette circonstance, ces médailles n'offrent qu'un médiocre intérêt au point de vue numismatique; mais on peut conclure de la succession presque non interrompue des Césars qu'elles présentent depuis Auguste, (29 ans av. J. C.) jusqu'à Magnus Maximus (388 ans ap. J. C.) et du parfait état de conservation de quelques unes des plus anciennes, entre autres un Domitien et un Nerva (96 ans ap. J. C.) à fleur de coin, que le temple érigé aux Sources de la Seine ne remonte pas au-delà de la fin du 1er siècle de l'ère chrétienne et aurait été détruit vers la fin du 4me siècle de cette même ère, chose fort probable car cette " dernière date est celle de l'époque à " laquelle on pourrait rapporter l'abolition du paganisme " dans nos contrées, et conséquemment la destruction de " ses temples par les chrétiens [1] ".

M. H. Baudot veut, il est vrai, que le monument date du règne d'Auguste et ait été construit peu après le temple élevé à cet empereur, au confluent de la Saône et du Rhône, " par les peuples des Gaules, heureux sous son empire "; mais l'honorable président de la Commission nous paraît, en cette dernière hypothèse, s'avancer un peu loin. En revanche nous partageons volontiers sa pensée que le temple de la déesse Sequana fut détruit, *sans doute sur l'ordre des évêques, par les premiers chrétiens* et, à l'exemple de M. Larribe, nous terminons les longs emprunts que nous avons faits au rapport de M. H. Baudot par " un passage " de sa conclusion qui détruit complètement les objections

---

[1] Extrait du rapport de M. Henri Baudot, cité plus haut.

" et les critiques qui se sont élevées et peuvent s'élever
" encore contre le monument moderne qu'on vient d'éri-
" ger et la disposition exceptionnelle qui en est l'objet. "[1]

" Avant nous, écrit M. Baudot, on avait conjecturé
" qu'un temple avait existé jadis en l'honneur de l'un des
" plus beaux fleuves de la Gaule. Cette conjecture était
" fondée sur des raisons générales : le culte des anciens,
" leur respect pour les eaux; mais aucun fait certain,
" aucune preuve positive, ne venaient déposer en faveur
" de cette assertion. Aujourd'hui, grâce aux travaux de la
" Commission des Antiquités de la Côte-d'Or, plus de
" controverse sur la situation, plus de doute sur l'existence
" du monument. Ce doute a passé à l'état de certitude.
" Les fondements du temple ont été mis au jour, les
" intéressantes reliques qu'il contenait au moment de sa
" destruction ont été retirées des décombres pour nous
" initier aux mystères qui s'y célébraient...

" Cette découverte, fruit de longs travaux et de
" soins incessants, fera honneur à la persévérance de
" la Commission; on ne lui en contestera pas le mérite.
" La Capitale de la France lui devra une page inté-
" ressante de son histoire, puisque la Seine fait sa
" richesse et sa beauté.....

" Il nous reste à exprimer un vœu qui, dès le
" commencement de ses recherches, a toujours été dans
" la pensée de la Commission : c'est de voir élever sur
" le lieu renommé un nouveau Monument commémoratif
" de la consécration des sources de la Seine. Ce serait
" une cause de prospérité pour le pays. On n'y verrait
" plus, comme autrefois, des gens infirmes et valétudi-
" naires adresser des vœux à la Seine pour obtenir

[1] *Notice historique de* M. LARRIBE.

" leur guérison; mais de joyeuses compagnies s'y ren-
" draient pour célébrer sa puissance et la libéralité de
" ses dons.

" L'idée d'une souscription ne pourrait que rencon-
" trer sympathie et encouragement. — La ville de Paris
" elle-même ne refuserait point un *léger tribut* au fleuve
" qui est pour elle un élément si puissant de grandeur
" et de prospérité[1] ".

V

DU MONUMENT MODERNE

Je touche à la fin, Messieurs et Collègues, de la mission que j'ai acceptée de vous faire connaître, d'après le rapport de la *Commission des Antiquités de la Côte-d'Or*, la nature du monument ancien érigé aux Sources de la Seine; mais vous me permettrez de ne pas m'arrêter sur ce vœu, renouvelé de celui émis en 1833 par M. Larribe, et, sans retracer toutes les vicissitudes par lesquelles passa cette intéressante question avant d'être résolue, de transcrire ici toute la partie du travail de M. V. Corot relative au Monument moderne des Sources de la Seine. Vous parler de la naissance de notre fleuve parisien, c'est encore vous parler *archéologie et histoire de Paris;* au reste, il y a tout lieu de croire que nos ancêtres, les *Nautes parisiens*, considéraient comme leur domaine tout le cours du fleuve qui s'échappe du bois communal de Saint-Seine pour se perdre dans la Manche au Hâvre-de-Grâce, après avoir répandu l'abondance sur ses rives, et si puissamment contribué à la fortune et à l'embellissement de Paris.

[1] Extrait du Rapport de M. H. Baudot.

" Avec l'ampleur de vues qui le caractérise à un si
" haut degré, M. le baron Haussmann comprit que la
" capitale, dont le berceau a surgi jadis entre les bras du
" fleuve et dont la prospérité s'est développée par la
" facile navigation qu'il offrait à ses marchands, ne pou-
" vait laisser à une autre cité l'honneur de consacrer de
" nouveau les sources de la Seine. Le conseil municipal
" s'est associé à cette pensée et a voté l'acquisition, par
" la ville de Paris, des prairies où naissent les sources
" (1 hectare 73 ares) et l'érection d'un monument; en
" outre, une subvention a été allouée par le conseil général
" du département. C'est M. Larribe qui a négocié les
" acquisitions nécessaires et qui, naturellement, s'y est
" employé avec le zèle qu'inspire un succès longtemps
" attendu. Après trente-cinq ans écoulés, M. Larribe a
" pu contempler le monument qui vient d'être construit
" sous l'habile direction de MM. Baltard et Davioud [1] ".

C'est ce monument que reproduit notre première gravure, d'après un dessin de M. Davioud, et que M. COROT décrit ainsi, avec tout l'enthousiasme d'un enfant du sol bourguignon :

" Au milieu du vallon et formant perspective en
" amont des sinuosités du ruisseau de la Seine, s'élève
" une grotte formée de pierres fouillées et trouées, très-
" communes dans la contrée. Au centre et en avant de

---

[1] M. V. BALTARD, architecte, *membre de l'Institut*, est directeur du *Service des Travaux d'Architecture, des Beaux-Arts et des Fêtes* de la Préfecture de la Seine et M. G. DAVIOUD est architecte en chef du *Service d'Architecture des Promenades et Plantations de Paris*, sous la haute direction de M. A. ALPHAND, ingénieur en chef de 1re classe des *Ponts et Chaussées*, directeur du *Service Municipal des Travaux publics* de la Préfecture de la Seine.

" la grotte, apparaît une nymphe de la Seine [1], due au
" ciseau de M. Jouffroy [2], que son talent et son origine
" bourguignonne désignaient naturellement au choix de
" l'édilité parisienne. Au-dessous de cette statue couchée
" sur un socle [3] et accoudée sur l'urne traditionnelle et
" symbolique, les eaux des différentes sources, colligées
" avec soin, s'écoulent ensemble des rochers qui lui ser-
" vent de base. Un square a été créé sur la majeure partie
" des terrains acquis, et les eaux sorties de la grotte s'y
" accumulent en un petit bassin, à l'issue duquel elles
" reprennent leurs cours naturel........

" Sauf l'étroite perspective que donne le cours du
" ruisseau serpentant sur les verdoyantes prairies qui
" forment le fond de la vallée, les yeux plongent partout
" dans les grands bois qui couvrent les coteaux et fer-
" ment l'horizon. La solitude est complète, l'impression
" profonde, et l'on conçoit aisément combien ce lieu devait
" être cher aux Druides ". [4]

Certes l'ensemble du monument moderne est d'une excessive simplicité et paraît même de peu d'importance, surtout si on le compare au temple antique dont nous venons d'étudier les importants vestiges; mais on ne pouvait, en restaurant les autels du paganisme, ériger au milieu de notre France catholique un temple païen à la

[1] Nous avons placé en regard de l'ensemble du monument cette statue, conçue dans un sentiment tout antique, et qui rappelle bien à la fois et l'élégance du cours de la Seine et la richesse de la vallée qu'elle arrose.

M. JOUFFROY, statuaire, *membre de l'Institut*, est membre de la *Commission des Beaux-Arts* de la *Préfecture de la Seine*.

[3] M. Jouffroy a employé pour ce travail la pierre de Chauvigny — Note de M. Corot.

[4] *Moniteur Universel*, 9 Avril 1868.

déesse *Sequana*, et on doit surtout se féliciter que l'œuvre gracieuse de M. Jouffroy, habilement mise en lumière par MM. Baltard et Davioud, perpétue les souvenirs du culte gallo-romain, en symbolisant la fécondité que de tout temps la Seine a répandue sur son passage.

Je terminerai, Messieurs et Collègues, en vous transcrivant l'inscription gravée sur la façade de la grotte et destinée à rappeler — à côté de la dette de reconnaissance que Paris et le département de la Seine ont cru devoir payer au Fleuve — le nom du Souverain qui, plus que tout autre, est jaloux de maintenir parmi nous les grandes traditions historiques et celui de l'Administrateur qui, comme autrefois à Rome Agrippa sous Auguste [1], non content de présider aux embellissements de la capitale, a fait son plus beau titre de gloire de contribuer puissamment à l'alimentation en eau et à l'assainissement de Paris.

SOUS LE RÈGNE DE NAPOLÉON III
EMPEREUR DES FRANÇAIS,
LE CONSEIL MUNICIPAL DE PARIS,
AVEC LE CONCOURS DU CONSEIL GÉNÉRAL DE LA SEINE,
SUR LA PROPOSITION
DE M. LE BARON HAUSSMANN, SÉNATEUR, PRÉFET DE LA SEINE,
GRAND'-CROIX DE LA LÉGION D'HONNEUR,
A, PAR DÉLIBÉRATION DU XVIII AOUT MDCCCLXV,
ÉRIGÉ CE MONUMENT AUX SOURCES DU FLEUVE
QUI A DONNÉ SON NOM AU DÉPARTEMENT DE LA SEINE
ET AUQUEL PARIS DOIT SON ANTIQUE PROSPÉRITÉ.
MDCCCLXVII

[1] SUÉTONE, *Les douze Césars*, XXIX et XLII.

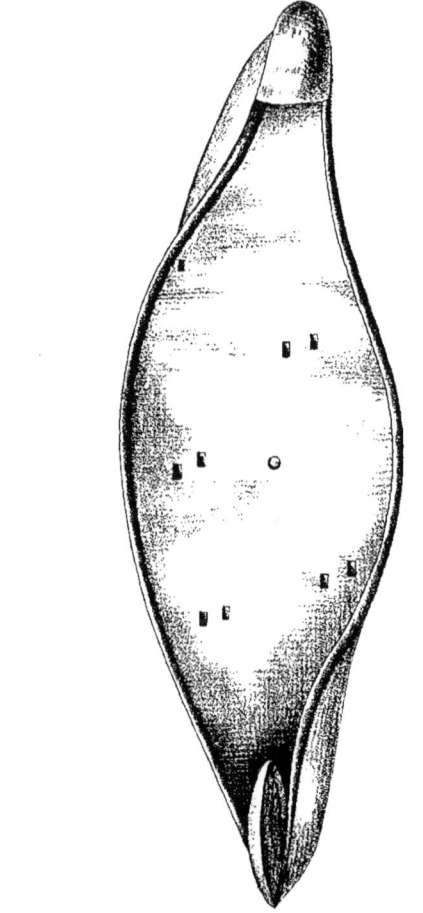

Planche I.

PLAN ET ÉLÉVATION de la GALÈRE en BRONZE
découverte en 1763
non loin des SOURCES DE LA SEINE.
(Musée archéologique du Département de la Côte d'Or.)

HENRI BAUDOT, Del.

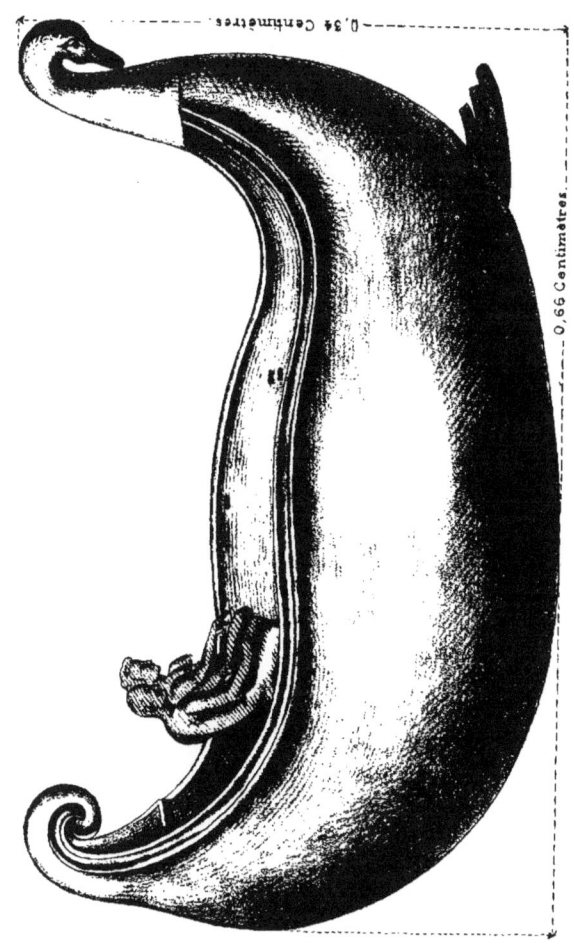

HENRI BAUDOT. Del.

LÉGENDE

1. Borne, dite le Gros-Foyard, au pied de laquelle la première fouille a été faite.
2. Rigole en pierre recouverte de dalles dans laquelle s'écoulait l'eau sacrée au sortir de la source.
3. et 3' Pierre placée sur la Rigole et dont la face extérieure est ornée de pilastres.
4. Bases restées en place et qui supportaient quatre colonnes.
5. Deux marches en pierre d'une seule pièce.
6. Marches en pierres de taille.
7. Lieu où l'on a découvert le grand Vase en terre contenant des Ex-Voto et un plus petit Vase, aussi en terre, renfermant environ huit cents médailles romaines.
8. Fouille infructueuse.
9. Source découverte en faisant les fouilles.
10. Sources qui existaient avant l'exécution des fouilles et dont les deux plus abondantes, retenues par de petits murs de forme carrée, servent d'abreuvoirs.

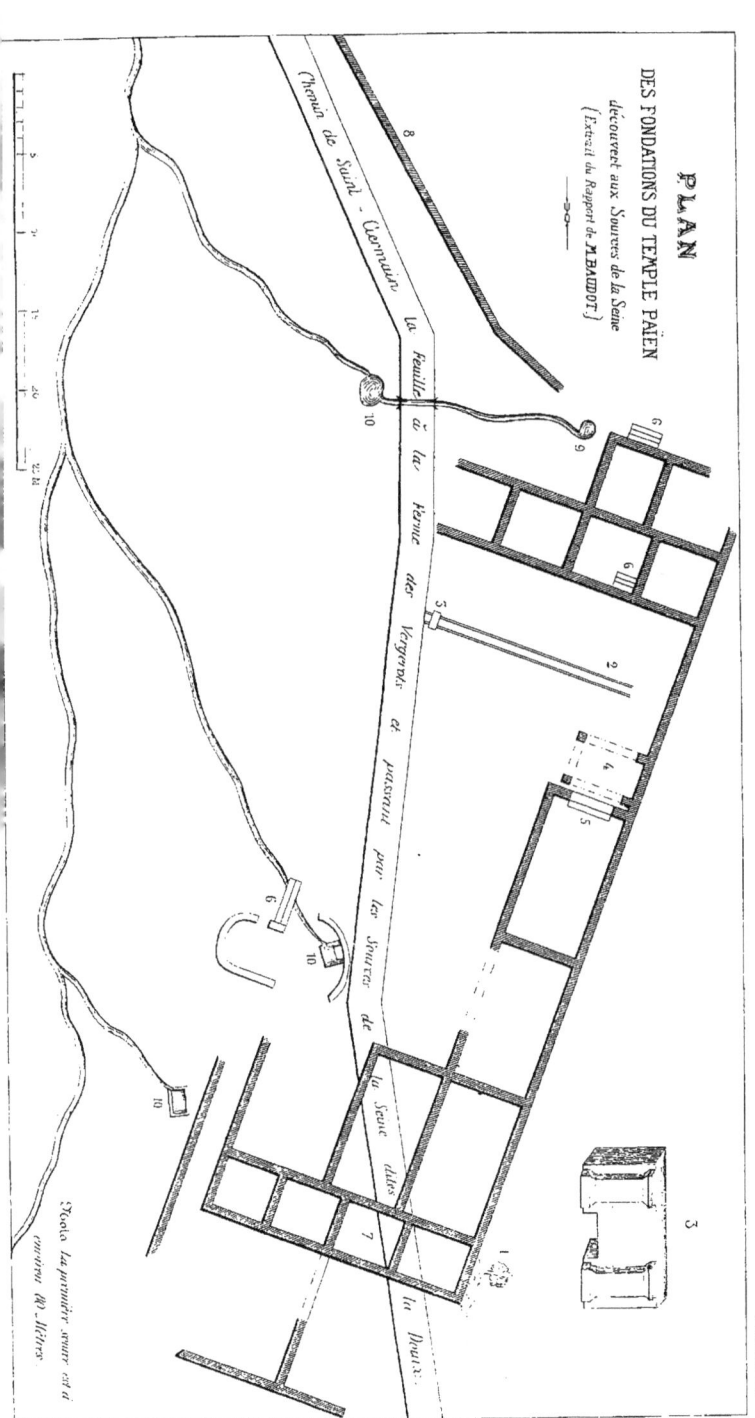